あるひ　せかいに　チームワークどろぼうが　あらわれました。
One day, a teamwork thief appeared in our lives.

ケイくんの　おとうさんは
うちゅうりょこうのための
ロケットを　かいはつしています。

　　　リーダーとして　みんなと　きょうりょくしながら
　　　いっしょうけんめい　おしごとを　しています。

　　　　　　おとうさんは　いつも
　　　　　　めを　きらきら　させていました。

My name is Kei, and my dad builds rockets for space travel.
He's a leader who tries his best and works with everybody in the company.
His eyes are always sparkling.

あるよる　ケイくんが　トイレに　めざめると
おとうさんが　だれかと　はなしています。

「リーダーは　もっと　つよくないと　ダメだ。」
「かいしゃが　せいこうすれば　みんな　しあわせに　なるんだから
　ひっしに　はたらいて　もらえ。」

One night, I woke up to go to the bathroom.
I overheard Dad talking to someone.
The voice told him:

"You have to be a stronger leader.
Your company has to succeed for everyone
to be happy,
so you have to get them to work hard!"

おとうさんは　うんうんと　うなずいています。
Dad nodded along.

つぎのひ
おとうさんの　ようすが　おかしくなっていました。
The next day, Dad looked different.

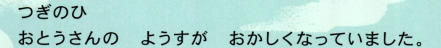

けわしい　かおをして
あさごはんも　たべずに
いえを　とびだして　いきました。
He rushed out of the house with a stern look on his face.

こわくなった　ケイくんは
しんぱいで　こっそり　あとを　つけました。
It was scary and worried me, so I secretly followed him.

おとうさんの　かいしゃも　いつもと　ようすが　ちがいます。
きのうまで　えがおだった　みんなも　どこか　ギスギス･･･。
ひとりひとりが　ふきげんそうに　しています。

Dad's company also looked different that day.
The people who were smiling the day before suddenly seemed unfriendly.
They all looked like they were in a bad mood.

すると　おとうさんが
すっと　たちあがりました。
Then, Dad stood up in front of everyone.

みんなで　いっちだんけつだ！

「とにかく　がんばろう！」
「なんとしても　のりきろう！」
おとうさんは　おおきなこえで　いいました。

"We're all a team! Let's work hard! Together, we can overcome anything!" he said in a booming voice.

でも　みんなは　しらないふりを　しています。
But everyone ignored him.

チームには　いったいかんが　ひつようだ！

おとうさんは　おそろいの　ハチマキと　ユニフォームを
むりやり　みんなに　きせました。

Dad wanted his team to feel united,
so he made everyone wear matching uniforms and headbands.

みんな　とても　いやそうです。
やっぱり　うまくいきません。

It didn't work.
Nobody liked them.

なんで　いうことを　きかないんだ！

おとうさんは　つくえを　バンっと　たたきました。
そして　おおきなこえで　ひとりずつを　よびだして
めいれいしました。

Dad didn't understand.
Why weren't they listening to him?
He banged on his desk really hard.
One by one, he yelled orders
at his team members.

みんなの　やるきは
どんどんどんどん
なくなっていきました。

But everyone's motivation
just kept falling,
lower and lower and lower…

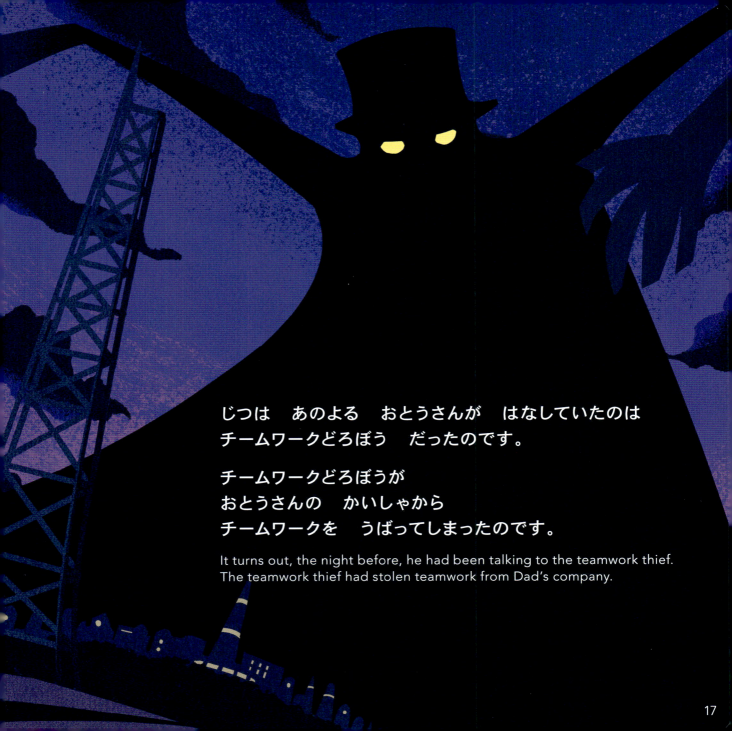

じつは あのよる おとうさんが はなしていたのは
チームワークどろぼう だったのです。

チームワークどろぼうが
おとうさんの かいしゃから
チームワークを うばってしまったのです。

It turns out, the night before, he had been talking to the teamwork thief.
The teamwork thief had stolen teamwork from Dad's company.

「ねえ　おとうさん。
おとうさんは　なんで　ロケットを　つくりたいの？
かいしゃの　ひとたちも　おなじ　きもちなの？」

ケイくんは　ゆうきを　だして
おとうさんに　きいてみました。

I wanted to help. I went to my dad and asked him:
"Dad, why do you want to build a rocket?
Does your team feel the same way as you?"

ケイくんの　しつもんに　おとうさんは
たいせつなことを　おもいだしたのです。

My question reminded Dad of something important.
Something he'd forgotten.

つぎのひ　おとうさんは　かいしゃの　みんなに　いいました。

「みなさん　わたしが　まちがっていました。
　みなさんが　たのしく　はたらけないのは　わたしの　せきにんです。
　わたしは　リーダーを　おります。」

The next day,
Dad stood up in front of his team again
and said:
"The way I did things was wrong.
It's my fault you're not enjoying your work.
That's not what I want.
I can't be your leader anymore."

「でも　せかいじゅうの　こどもたちに　ぼくらの　ロケットで
うちゅうに　いきたい！　って　いってほしいのです。
もし　わたしと　おなじ　きもちの　ひとがいたら
ちからを　かしてほしいのです。」

"What I really want is for children around the world to see our rocket
and say, 'I want to go to space!'
If you feel the same way, please help me."

すると…
Then...

おとうさんの　ことばを　きいて
みんなの　きもちも　かわりはじめました。

「わたしの　こどもにも　みせてあげたい！」
「ぼくも　こどものころからの　ゆめだった！」
「わたしも　すこしなら　てつだうよ。」
「ひとが　たりないときは　おしえてね。」

When they heard Dad's words, the atmosphere changed.
"I want my children to see it too!"
"Traveling to space was also my dream as a child!"
"I can help a bit too."
"If you need me, I'll be there."

それぞれの　おもいで　おとうさんに　こたえます。
His team started to pitch in.

「わたしは　きかいは　にがてだけど
　さんすうが　とくいだから　けいさんは　まかせて。」

"I'm not good with machines,
but I'm good with numbers.
Let me take care of the math."

「ぼくは　はなすのは　にがてだけど
　のりものは　だいすきだから
　きかいの　そうさは　まかせてよ。」

"I'm not a great speaker, but I love vehicles.
I'll operate the machines."

「けいさんは　にがてだけど　はなすのは　だいすきだから
　どんな　ロケットが　いいか
　こどもたちに　きいてくるね！」

"I'm not good with numbers, but I love to talk.
I'll ask the kids what kind of rocket they want!"

それぞれが　とくいな　ほうほうで
きょうりょくしてくれました。

They each contributed in the way they knew best.

おとうさんは
みんなの やりたいことや こまっていることが
いつでも だれでも わかるように
みんなから みえる ばしょに かみを はりました。

Dad wanted anyone to be able to check at any time
what their teammates wanted to do and the challenges they were facing,
so he made a list and hung it up for everyone to see.

みんなも そこに いけんを はりながら
できるひとが やっていくことで
しごとは どんどん すすんでいきました。

His team members also shared their opinions.
Everyone was doing what they knew they could,
and the job steadily moved forward.

そして　いよいよ　ロケットが　かんせい。

たくさんの　こどもたちが　やってきました。

こどもたちも　かいしゃの　みんなも　おとうさんも
まんめんのえみで　ロケットを　みつめています。

The rocket was completed in no time.
Children from all around came to see it.
My dad, the other children, and everyone from the company
looked up at the rocket with beaming smiles on their faces.

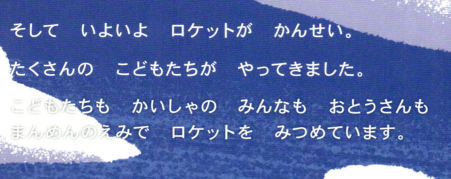

みんなの　えがおを　みて　おとうさんは　きづきました。

なにかを　たっせいするために　いちばん　だいじなことは
たいせつな　おもいに　きょうかんした　ひとたちが
それぞれの　とくぎを　いかして　それぞれの　ペースで
たすけあいながら　やることなんだ。

When Dad saw those happy faces, he realized.
When you want to accomplish something, the most important thing to do
is for those who share a common dream
to do what they do best, each in their own way,
and helping each other out, to move forward together.

いつのまにか　チームワークどろぼうの　すがたは
みえなくなっていました。

もしかしたら　まだ　みんなの　こころの　かたすみに
いるのかもしれません。

Just like that, the teamwork thief was gone.
And though he may still be lurking in a corner of their hearts,

あとがき

「チームワーク」という言葉からどんなことを想像しますか？

"チームワークの本当の意味を子供の頃に知りたかった。
知っていたら、もっと違う人生があったと思う。"

この絵本は、こんな言葉をきっかけに企画しました。

理想に共感した多様なメンバーが集まるのがチームである。
理想への共感度合いは強くても弱くてもいい。
弱みを見せることができた方がいい。
弱みや強みは役割分担して補完すればいい。

チームワークに対するそれぞれの思いを
家族、学校、職場、地域などの様々なチームで
考えていただけたら幸いです。

サイボウズ　チームワーク総研